Trouver vos ancêtres

Recherche de votre arbre généalogique et de votre généalogie canadienne-française

Par Jean Z. Grimard

Droit d'auteur 2017

ISBN: 978-1976219535

Trouver vos ancêtres

L'auteur a tracé des milliers de ses ancêtres directs, tout au long du moyen âge, et sans doute revenir dans l'antiquité. En utilisant les méthodes décrites dans ce livre, vous pouvez faire de même, par l'intermédiaire de vos ancêtres canadiens-français, dont les pedigrees sont parmi les mieux documentés sur la planète. Les instructions sont étape par étape, avec des conseils sur ce qu'il faut rechercher et comment progresser rapidement. Vos parents attendent d'être découverts et ce livre vous aidera à les trouver.

Trouver vos ancêtres

Table of Contents

Introduction

Je m'appelle Jean. Je suis un homme moyen, au moins je pense que je suis en moyenne; Je suis un professionnel de col blanc de jour, trois enfants, et ma maison n'est pas spectaculaire. Même ma passion pour la généalogie est un peu moyenne; J'ai lu quelque part que la recherche de ses ancêtres est l'une des activités les plus populaires sur Internet.

Ce qui n'est pas moyen, c'est ce que j'ai fait avec ma passion pour la généalogie: j'ai tracé des milliers d'ancêtres directs et j'ai repoussé ma ligne au-delà du moyen âge, sans doute dans l'antiquité.

Avant de vous en parler, et de fournir des conseils afin que vous puissiez faire de même, permettez-moi de vous informer de la façon dont j'ai commencé.

Un jour, ma cousine Roseanne rentrait chez moi. Après avoir décrit son récent voyage au Québec, elle a déplié un morceau de papier et l'a déposé sur la table basse devant moi. Je l'ai ramassé et l'ai lu. Ce que je regardais était un graphique montrant mes ancêtres éponymes et leurs épouses qui remontent au début du 17 ^{e} siècle. Chaque génération a été répertoriée, je pense qu'il y en avait dix. Au sommet du tableau, c'était génial, génial ... Continuez huit fois ou plus, grand-père Mathias.

J'ai été étonné. Nous savions que nos ancêtres remontent aux années 1600? Je ne savais pas que cela était possible. C'était à un moment où Internet était encore relativement jeune et avait décroché une décennie ou plus tôt. Son utilisation dans la généalogie en était encore à ses débuts, et la plupart des recherches généalogiques ont été faites à l'ancienne et difficile: en personne dans les archives. C'est ce que ma cousine avait fait. Elle a eu quelques photocopies pour accompagner le graphique tracé à la main que je regardais maintenant. L'un était particulièrement intéressant. C'était le manifeste d'un navire à partir de l'année 1664. En cette année, Mathias est venu sur le nouveau monde à bord de la Hollande-Noire.

Mathias était parmi les premiers Européens de l'Amérique et, comme je le verrais plus tard, c'était pour cette raison que notre descente de lui était rappelée ... parce qu'il faisait quelque chose de spectaculaire. Il est venu dans un monde étranger appelé l'Amérique où la vie était sévère et finissait souvent par une fin cruelle aux mains des indigènes qui tentaient désespérément d'endiguer le flux de personnes blanches envahissant leurs terres.

Après que Roseanne est partie, je suis devenu fasciné par le graphique. Il a seulement répertorié ma ligne homonyme, était-il possible de forger mon arbre généalogique entier? Encore plus intrigant: était-il possible de pousser mon ascendance au-delà de Mathias au 16ème siècle ou même au-delà? Mon obsession est née.

Toi

Si vous lisez ceci, je suppose quelques choses à propos de vous: un, vous avez des ancêtres français-canadiens. Deux: Vous pouvez ou pouvez pas parler français. Troisièmement, vous avez une passion pour la généalogie.

Si cela vous décrit, vous avez de la chance. Il est fort probable que je réussirais à vous aider à découvrir vos ancêtres royaux. Votre ascendance sera renvoyée vers l'empereur romain sacré Charlemagne et vous découvrirez toutes sortes de personnages intéressants en cours de route.

Vous découvrirez que vous avez des ancêtres qui ont été assassinés, certains par les Iroquois (l'ennemi des premiers colons canadiens français). D'autres ont été accrochés, ont commis des crimes terribles et beaucoup ont eu des conflits fonciers devant les tribunaux. Pour la plupart de nos ancêtres, c'est seulement par leur infamie que nous avons des informations sur eux alors que les archives judiciaires survivent à partir de ce moment-là, alors que les actes de vos bons ancêtres n'ont pas été enregistrés et nous en savons peu.

Vous allez bientôt réaliser que vous avez la chance d'avoir des ancêtres français-canadiens; Comme un bénévole astucieux de la bibliothèque d'histoire familiale gargantuite de Salt Lake City m'a dit: "Vous avez de la chance d'avoir des ancêtres du Québec parce qu'ils sont parmi les meilleurs disques du monde."J'ai également lu quelque part que les dossiers des Canadiens français sont Deuxième dans le monde uniquement pour ceux d'Islande. Pour les descendants européens, au moins, je crois que cela est vrai.

Les trois quarts de mon ascendance sont français-canadiens, l'autre quart a émigré de France vers le Canada par l'intermédiaire d'Ellis Island en 1905. Après un grand succès avec mes ancêtres canadiens, je pensais que le côté français serait un trésor. J'avais tort. Comme mentionné précédemment, notre descente de personnes qui ont fait de grandes choses est rappelée. Les Canadiens sont descendus de personnes comme Mathias qui colonisaient un monde étranger. Mes ancêtres français étaient des producteurs de raisin qui n'avaient pas de personnes aussi remarquables dans leur arbre généalogique. En outre, l'Europe a été à plusieurs reprises décimée par la guerre, alors que le Canada n'a jamais subi ce sort. Par exemple, avant de se retirer de la ville française de Caen, les nazis ont brûlé les archives au sol. Il contenait 14 000 livres relatifs à l'ascendance des habitants de Caen.

Trouver vos ancêtres

Ce que j'ai découvert (la manière difficile) est qu'il est souvent impossible de tracer la lignée de bourgeois en France plus de quelques centaines d'années. À tout le moins, c'est difficile.

Vous avez de la chance si vous avez des ancêtres français-canadiens.

Le Nouveau Monde

C'était comme aller à Mars.

Sauf que ce n'était pas à l'origine de votre ancêtre, c'était le nouveau monde. Et ils n'allaient pas seulement y visiter; Ils allaient coloniser cet endroit étranger. Mais cet autre monde était déjà habité; Par des gens qu'ils appelaient à tort "Indiens», et certains d'entre eux n'aimaient pas voir les visages blancs pâles de vos ancêtres. Certains, comme les Iroquois, étaient en liaison avec l'autre superpuissance européenne essayant de contrôler ce monde. Ils étaient alliés avec les Anglais qui avaient jugé leur part du nouveau monde "Nouvelle-Angleterre», tout comme vos ancêtres ont appelé votre "Nouvelle-France".

Bien que le nombre de colons d'origine anglaise dépassait largement ceux du français, la terre appelée Nouvelle France englobait non seulement le Canada, mais aussi le milieu des États-Unis. Il y avait trois parties principales de la domination de la France: l'Acadie, la Nouvelle-France proprement dite et la Louisiane. Ce dernier était le plus grand espace par taille, alors que la Nouvelle-France était la plus grande par population. Cependant, les populations étaient petites. Au cours du premier recensement de 1666, la population du Québec, la plus grande ville de la domination, ne comptait que 6 000 personnes. La plupart des gens étaient des hommes, bien que la proportion de femmes augmentait à travers un programme appelé "les Filles du Roi". C'étaient des jeunes femmes de bon caractère qui étaient tombées sur des moments difficiles, généralement en raison de la mort de leur père. Parfois, ils étaient des orphelines. Ils sont venus au nouveau monde avec une dot fournie par le roi lui-même. Les mariages ont eu lieu peu de temps après leur arrivée, bien qu'ils aient eu une brève période où ils pourraient annuler l'arrangement et chercher un nouveau mari.

Il y avait beaucoup à survivre dans le nouveau monde si vous l'aviez créé. Une grande partie des colons sont décédés lors du long voyage en raison de tempêtes et de maladies. Si vous y parveniez, il y avait de bonnes chances de mourir du scorbut, d'un assaut des Iroquois ou des mains des Anglais.

Qu'est-ce qui a motivé nos ancêtres à coloniser ce monde hostile? Contrairement à la colonie anglaise, la liberté religieuse ne faisait pas partie de l'affaire: il fallait être catholique. Après cent ans de combats entre les protestants et les catholiques en France, le premier avait été écrasé. Il est fort probable que la plupart de vos ancêtres ont été à la fois membres d'un groupe protestant appelé "huguenots». Mais après le siège de La Rochelle en 1628, les huguenots furent presque détruits et ceux qui restaient finalement forcés de devenir catholiques ou de mourir. Comme vous êtes ici, vous êtes probablement descendus de ceux qui ont choisi de vivre en tant que catholiques.

La ville portuaire française de La Rochelle elle-même et la province périphérique d'Aunis ont été la source de la plupart de vos ancêtres. Aunis est dans la région ancienne connue sous le nom d'Aquitaine qui a alterné entre la propriété française et anglaise. Si vous visitez La Rochelle, vous serez probablement surpris par la beauté et la campagne. Mis à part l'intolérance constante et l'intolérance religieuse, pourquoi votre ancêtre quittera-t-il cet endroit magnifique?

Trouver vos ancêtres

Certains de vos ancêtres étaient probablement des demandeurs de sensations fortes, mais nous n'avons aucune preuve directe de la conviction de ces gens pour partir pour le nouveau monde. La bonne réponse est la terre.

Historiquement, les terres en Europe de l'Ouest ne peuvent appartenir qu'à des membres de la classe noble. Bien que certains de vos ancêtres aient probablement appartenu à cette classe de personnes, il est plus probable qu'ils étaient des roturiers. Ce sont des paysans dépourvus du droit de posséder des terres. En outre, ils ne pouvaient pas porter une épée car cela était aussi le droit d'un noble. Mais dans le nouveau monde, les deux étaient possibles.

Alors votre ancêtre a sauté sur un bateau, a navigué pendant six semaines et est arrivé dans un endroit comme la ville de Québec. S'il était trop pauvre pour financer son propre voyage, il était engagé. Un employé sous contrat est un pas en avant étant un esclave. Ils avaient des droits, mais pendant un certain temps ils devaient servir leur maître, la personne qui a financé leur voyage. Après un certain nombre d'années, ils ont été libres d'établir une propriété, de leur propre pays, où ils pourraient construire une maison, garder le bétail et la ferme. L'armement était crucial, car ils devaient aussi se défendre du risque toujours présent d'un raid Iroquois.

L'enlèvement était également un risque de vie dans le nouveau monde, avec toutes les parties impliquées (français, anglais, indigènes) qui se transmettent aux citoyens et à la récession. Certains de ceux qui ont été enlevés ont choisi de rester avec les ravisseurs. Un petit nombre de vos ancêtres français-français ont des noms de famille anglais. Ils ont probablement été emmenés de la Nouvelle-Angleterre en tant qu'animaux, éventuellement libérés, mais ont choisi de rester en Nouvelle-France où ils finirent par épouser des femmes et des hommes français et élever des familles.

Les familles étaient énormes en Nouvelle-France. Non seulement parce qu'ils étaient catholiques, mais parce que l'État l'avait décrété. En tant que père et mère, vous avez été condamné à une amende si votre fille avait 16 ans, vivait avec vous, et ... (fouettement) célibataire. Une amende semblable a été prélevée si vous aviez un fils dans une situation similaire. Par conséquent, les gens se sont mariés à l'époque. Il n'était pas rare qu'une fille soit mariée à 13 ou 14. Les hommes se marrieraient aussi chez eux, mais pour eux, on s'attendait à ce qu'ils puissent soutenir une famille. Les jeunes couples au début de la vingtaine avaient déjà une grande niche d'enfants.

La maladie était un compagnon constant. La petite vérole a tué un grand nombre de personnes. Parfois, il faudrait plusieurs membres de la famille en une seule saison. La mortalité infantile a gardé les parents en perpétuel chagrin.

Trouver vos ancêtres

En 1759, le temps de la France dans le nouveau monde était presque terminé. Sur les Plaines d'Abraham, la principale ville de Québec a été perdue pour les Anglais et n'a jamais été reprise. La conséquence de cette perte a été que cela a provoqué la venue des colons français dans le nouveau monde. La conséquence indirecte, et pourquoi il est pertinent dans le contexte de ce livre, est que tous les ancêtres canadiens français que vous avez invariablement dû être au Canada d'ici 1700, ou en d'autres termes, vous êtes assurément descendu des premiers colons blancs du Nord Amérique.

Ils ont fait quelque chose de spécial pour vos ancêtres. Ils ont voyagé dans un monde "Mars comme», l'ont survécu et ont finalement prospéré. Ils étaient les pionniers, et les pères et les mères du pays. C'est pour cette raison qu'ils se souviennent, et c'est pour cette raison que nous - leurs descendants - pouvons bien retracer nos arbres généalogiques.

Trouver vos ancêtres

Si vous étiez ici avec moi en ce moment, je lèverais mon verre de vin en l'air et proposerai un toast: "À nos ancêtres!"

Votre Trousse D'outils

Votre ordinateur sera votre meilleur ami dans cette quête. Vous utiliserez non seulement Internet, mais vous aurez bientôt besoin d'un programme de base de données pour gérer le grand nombre d'ancêtres que vous allez découvrir. Votre trousse d'outils comprend les éléments suivants:

- Un ordinateur avec une vitesse de traitement correcte et une RAM.
- Accès à Internet.
- Un logiciel logiciel de généalogie. Je recommande Legacy.
- Proficiency dans les téléchargements de Gedcom (j'irai plus tard).
- Un outil de traduction en ligne. (Comme Google Translate)
- Un billet d'avion de première classe pour la France.
- Un autre billet d'avion de première classe pour le Québec.

Remarque: si votre partenaire souhaite vous rejoindre, faites-le deux billets d'avion, mais ils devront rester assis tranquillement pendant que vous analysez les enregistrements dans les archives pendant des heures à la fois (et que vous devrez voler en économie parce que vous avez juste assez d'argent Pour un billet de première classe). Notez également que les billets d'avion sont facultatifs. La vérité est que la majeure partie de ce qui se trouve dans les archives de la France et du Québec est disponible sur Internet, en grande partie grâce aux efforts de l'Église des Saints des Derniers Jours qui ont fait de grands efforts pour copier et sauvegarder les enregistrements généalogiques.

Trouver vos ancêtres

Vous pouvez également trouver plus facile de travailler avec des enregistrements sur Internet que dans une archive, simplement parce que vous pouvez souvent copier et coller ce que vous trouvez dans un programme de traduction tel que Google Translate et obtenir une version rapide de l'anglais vers le français de ce que vous êtes en train de lire. Vous ne pouvez pas le faire avec le document réel dans une archive.

Ressources

Maintenant que vous savez quoi mettre dans votre boîte à outils, examinons les ressources dont vous disposez. Pour ce faire, nous les diviserons entre ceux qui sont en ligne et ceux qui ne le sont pas.

Hors ligne

Avant de pouvoir utiliser des outils de recherche en ligne pour pousser votre pedigree de nouveau dans le 17 e siècle et au - delà , vous devez établir votre arbre généalogique plus récente , sans l'utilisation d'un ordinateur. Il est peu probable que vous trouviez vos anciens ancêtres sans connaître les détails de ceux qui n'étaient pas si anciens.

Pour ce faire, discutez avec les membres aînés de votre clan et découvrez ce qu'ils savent et ce qu'ils ont. Ont-ils un livre d'histoire familiale? Ont-ils des antécédents de naissance, de mort, de mariage ou de baptême? Que se souviennent-ils de leurs grands-parents? Lorsqu'ils parlent à eux, gardez à l'esprit que vous êtes à la recherche de l'endroit où et de votre débiteur: vous voulez des noms juridiques (y compris le milieu), des dates précises de naissance, de décès et de mariage, et la localisation de ces événements comme Bien que celui d'où ils résidaient. Enregistrez soigneusement cette information même si ce n'est qu'une allégation. Les allégations sont souvent vraies, mais vous devez les affecter en tant que telles jusqu'à ce qu'elles soient prouvées.

Une fois que vous avez une bonne idée dont vos parents grands-grand ont été vous êtes prêt à pousser votre ascendance de nouveau dans le 19 ᵉ siècle et au - delà en utilisant Internet.

En ligne

Les ressources en ligne sont abondantes. Le point de départ de votre recherche continue est le Rootsweb WorldConnect Project en raison de la disponibilité des fichiers GEDCOM sur ce site et de la facilité avec laquelle vous pouvez les télécharger. Les fichiers GEDCOM vous permettent de commencer rapidement en téléchargeant le travail d'autres généalogistes. Pour pouvoir démarrer, vous devez acheter un progiciel capable de les charger. Un chef de file dans ce domaine est Legacy Family Tree. Vous pouvez acheter leur produit en ligne et télécharger le programme. À partir de ce point, vous pouvez retrouver vos ancêtres français-canadiens sur Rootsweb, trouver des pedigrins disposant d'un GEDCOM et télécharger une partie de votre pedigree.

Le logiciel Legacy peut être acheté sur le Web à l'adresse suivante:

Legacyfamilytree.com/downloadlegacy.asp

Vous pouvez télécharger une version gratuite pour commencer, mais vous verrez bientôt que le coût raisonnable de la version de luxe en fait une proposition de bonne valeur.

Une fois que vous avez ce logiciel, accédez à Rootsweb sur le Web à l'adresse suivante:

Http://wc.rootsweb.ancestry.com/cgi-bin/igm.cgi

Trouver vos ancêtres

La combinaison des logiciels Rootsweb, GEDCOMS et
Legacy produira rapidement une grande partie de votre
arbre généalogique canadienne-française. Vous aurez
besoin d'autres ressources en ligne pour combler les
lacunes de votre arbre. Les deux principales ressources à
cet effet sont Ancestry et l'Université de Montréal. Les
deux sites nécessitent des frais, mais c'est raisonnable et
une fois de plus, une excellente valeur. Ce dernier site,
connu sous le nom de PRDH ("Programme de recherche en
démographie historique"de l'Université de Montréal) est
accessible à l'adresse suivante:

www.genealogie.umontreal.ca

Vous trouverez ici apparemment tous les documents
juridiques et l' église au sujet de vos ancêtres avant le 19 e
siècle. Cela vous fournit un instantané de la localisation, de
la famille et des relations de votre ancêtre (y compris les
transactions foncières).

Ancestry.com permet à l'utilisateur d'accéder à la vaste
collection de documents gérés par l'Église des Derniers
Saints du jour. Ils ont fait de grands efforts pour analyser
les enregistrements généalogiques non seulement au
Canada et aux États-Unis, mais partout dans le monde. Si
vous avez un écart dans votre arbre généalogique, vous êtes
susceptible de découvrir des photographies de certificats de
naissance, de certificats de mariage et d'enregistrements de
baptême dans leur base de données. Vous pouvez ensuite
les télécharger et créer votre arbre généalogique.
Cependant, cela ne fonctionnera que pour les ancêtres
décédés depuis au moins trente ans.

Enfin, vous devrez utiliser le site Web GFNA - Québec
Royal Descends pour vous aider à rechercher des ancêtres
qui étaient ou ont pu être membres de la noblesse française.

Trouver vos ancêtres

La noblesse française est la clé pour repousser votre généalogie dans le moyen âge.

http://www.francogene.com/gfan/gfan/998/qrd30.htm

Découvrez Votre Pedigree

Jouons à faire croire.

Vous avez entendu une rumeur d'un parent que vous êtes un cousin éloigné du Premier ministre canadien Justin Trudeau. Cela stimule votre intérêt pour l'apprentissage de votre arbre généalogique. Est-ce vrai ou non? Mis à part Justin, avez-vous d'autres ancêtres remarquables? Ensuite, vous commencez à penser à ces personnes mystérieuses. Qui étaient-ils? D'où viennent-ils? Où vivaient-ils? Qu'est-ce qu'ils ont fait pour gagner leur vie?

Première étape - vos grands-parents

Et maintenant, vous êtes à la recherche de conseils sur la façon de découvrir ces ancêtres mystérieux. La première chose que vous devez faire est de déterminer qui étaient vos grands-parents. Donc, vous parlez à une tante qui partage ce qui deviendra bientôt votre obsession. Elle a un livre qui montre que l'un de vos grands-parents a été nommé Jean Charles Emile Trudeau. Il est né en 1874. Il représente le 1/8 de votre pedigree total parce que vous avez sept autres arrière-arrière-arrière-grands-parents. Vous devrez répéter le processus qui suit pour huit, mais pour l'instant (et pour les besoins de ce livre), vous ne tracerez que la lignée de Jean Charles.

Deuxième étape - Rootsweb et GEDCOM

Comme mentionné précédemment la deuxième étape pour effectuer une fois que vous avez établi vos ancêtres dans le 19 ^{e} siècle est de chercher un pedigree sur Rootsweb qui a un GEDCOM téléchargeable. Vous avez déjà suivi mes conseils antérieurs et avez acheté une base de données de généalogie qui servira de référentiel pour ces fichiers GEDCOM ainsi que vos recherches personnelles. Sur votre ordinateur, vous entrez:

wc.rootsweb.ancestry.com/cgi-bin/igm.cgi

RootsWeb's WorldConnect Project
Global Search

Names: 831,433,927 Surnames: 6,431,090 Databases: 446,360

Surname		Exact	Father	
Given Name		☐ omit living	Mother	
Birth Place		☐ omit blanks	Spouse	
Birth Year		Exact	Skip Database	
Death Place		☐ omit blanks	Updated Within	Forever
Death Year		Exact	☐ Has Descendants	
Marriage Place		☐ omit blanks	☐ Has Notes	
Marriage Year		Exact	☐ Has Sources	

Fuzzy Search ☐ (uses soundex)　Search　Reset

Trouver vos ancêtres

Dans le champ de nom de famille, vous entrez "Trudeau", et dans le Prénom simplement "Jean". Le résultat de votre requête est intimidant: plus de 1000 enregistrements représentant un assortiment d'individus de quatre siècles différents et de plusieurs pays. Vous devrez être plus précis. Tout ce que vous savez de la femme de Jean, votre grand-mère, était que son nom était Grace. Vous tapez cela dans le champ Conjoint (voir Figure 1). Le résultat est étonnant. La liste des résultats est réduite de plus de 1 000 à deux seulement (voir la figure 2). En outre, la date de naissance pour les deux dossiers indique "Après 1874", et vous savez que votre arrière grand-père est né en 1876. Eureka!

Figure 1:

RootsWeb's WorldConnect Project
Global Search

Names: 831,018,000 Surnames: 6,428,151 Databases: 446,309

Surname	trudeau	Exact	Father	
Given Name	Jean	☐ omit living	Mother	
Birth Place		☐ omit blanks	Spouse	grace
Birth Year		Exact	Skip Database	
Death Place		☐ omit blanks	Updated Within	Forever
Death Year		Exact	☐ Has Descendants	
Marriage Place		☐ omit blanks	☐ Has Notes	
Marriage Year		Exact	☐ Has Sources	

Fuzzy Search ☐ (uses soundex)　　Search　Reset

Trouver vos ancêtres

Figure 2:

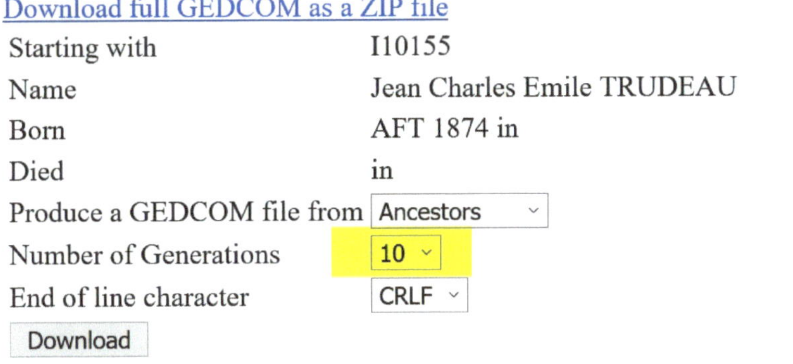

RootsWeb's WorldConnect Project
Global Search

Names: 831,018,000 Surnames: 6,428,151 Databases: 446,309

Results 1-2 of 2

Name	Birth/Christening		Death/Burial		Database	Order record?	Other Matches
	Date	Place	Date	Place			
Trudeau, Jean Charles Emile	AFT 1874				gs55meandu		Census Newspapers Military Cemetery
Father: Joseph Trudeau Mother: Marie Malvina Cardinal Spouse: Grace Elliott							
Trudeau, Jean Charles Emile	AFT 1874				gts-1		Census Newspapers Military Cemetery
Father: Joseph Trudeau Mother: Marie Malvina Cardinal Spouse: Grace Elliott							

Figure 3:

Index | **Descendancy** | **Register** | **Pedigree** | **Ahnentafel** | **Download GEDCOM** |

- *ID:* I10155
- *Name:* **Jean Charles Emile TRUDEAU**
- *Sex:* M
- *Birth:* AFT 1874

Figure 4:

Download full GEDCOM as a ZIP file

Starting with	I10155
Name	Jean Charles Emile TRUDEAU
Born	AFT 1874 in
Died	in
Produce a GEDCOM file from	Ancestors
Number of Generations	10
End of line character	CRLF

Download

Est-ce que les deux enregistrements ont un GEDCOM disponible? Tu es chanceux. En cliquant sur chaque enregistrement, les deux le font (voir la figure 3). Lequel choisiriez-vous? Vous cliquez sur "Télécharger GEDCOM" sur chaque page. On révèle que le nombre de générations

Trouver vos ancêtres

disponibles pour le téléchargement est de dix (voir la figure 4), tandis que l'autre est six. Vous allez probablement vouloir télécharger le fichier plus grand, mais avant cela, examinez la qualité de l'arbre en examinant un échantillon d'individus dans chaque arbre. Quel est le meilleur approvisionnement? Qui a une information plus vaste, et qui a plus d'ancêtres montré? Vous choisissez le deuxième enregistrement pour plusieurs raisons: vous pouvez télécharger dix générations, le nombre d'ancêtres montré dépasse celui du premier, même dans les six premières générations, et il va plus loin (voir la figure 5).

Figure 5:

```
                                          /Jean VARIN d: 1665
                                         \Catherine VARIN b: ABT 1645 d: 27 JAN 1705
                                          \Jeanne BOUCHE
                        \Anne-Marie TESSIER b: 7 MAY 1692 d: 3 JAN 1750
                                          /Philippe AMYOT(AMIOT) b: 1602 d: 26 SEP 1636
                        /Mathieu Amyot Sieur DE VILLENEUVE b: 23 MAY 1628 d: 18 DEC 1688
                                          /Guillaume Convent\Couvent dit ESTREE b: 1574 d: BEF 1651 ->
                        \Anne CONVENT\COUVENT b: 1601 d: 25 DEC 1675
                                          \Antoinette DE LONGUEVAL\LONGVAL b: 1580 =>
        \Jeanne Anne Marie Amyot dit VILLENEUVE b: 22 NOV 1670 d: 11 FEB 1748
                                          /Issac MIVILLE
                        /Pierre Milville dit LE SUISSE b: 1602 d: 14 OCT 1669
                                          \Salome LOMENIE
        \Marie Anne MIVILLE b: 13 DEC 1632 d: 5 SEP 1702
                                          /Aphonse MAUGIS\MONGIS
                        \Charlotte MAUGIS\MONGIS\MAUGER b: 1609 d: 10 OCT 1676
                                          \Louise DE MERLE
        /Amable Rene Gagne dit BELEVANCE b: 27 SEP 1759 d: BEF 14 OCT 1811
                        \Marie Catherine LONGTIN b: 2 SEP 1723 d: 12 AUG 1778
        \Marguerite GAGNE b: 22 MAR 1791
                        \Marie HAMELIN b: 3 JUL 1763 d: BEF 16 JUL 1821
/Joseph TRUDEAU b: AFT 1838
                        /Louis DUPUIS
        /Michel-Nicolas DUPUIS b: 14 NOV 1788
                        \Marguerite GUICHON
        \Marie Louise DUPUIS b: 20 APR 1817 d: BEF 1 OCT 1850
                        /Henri-Hyacinthe BOIRE
        \Josephte BOIRE b: 10 APR 1790
                        \Marguerite BERTHIAUME
Jean Charles Emile TRUDEAU b: AFT 1874
                        /Pierre CARDINAL
        /Solime CARDINAL b: AFT 1815
                        \Anne Ste. MARIE
        \Marie Malvina CARDINAL b: 1849
                        \Marguerite Suprenant ditte LAFONTAINE
```

Je suis assis à côté de vous et je souligne que la décision n'est pas mutuellement exclusive. Vous pouvez télécharger les deux, mais vous devez être prudent car ce faisant, cela pourrait conduire à un grand nombre d'entrées en double nécessitant beaucoup de nettoyage. Je vous suggère de procéder au téléchargement du deuxième enregistrement après quoi nous discuterons de ce que nous devrions faire avec l'autre enregistrement. Vous êtes un peu nerveux, mais vous cliquez sur "Télécharger GEDCOM".

Trouver vos ancêtres

"Ne vous inquiétez pas", je vous le dis. " Vous ne pouvez pas casser quoi que ce soit. "*A ce moment,* je pense à moi -même,

Vous acceptez tous les paramètres par défaut et cliquez sur "Télécharger". Quelques secondes plus tard, l'information réside sur votre disque dur.

Ensuite, je vous dis d'ouvrir votre programme de base de données généalogiques. Pour nos besoins, celui que vous avez acheté était l'héritage familial hérité. Vous avez déjà effectué le didacticiel, mais la base de données elle-même est vide. Vous ne vous êtes même pas encore mis, vos parents ou vos grands-parents. Avec mes conseils, vous ouvrez le fichier <Importer <GEDCOM et procédez à l'importation. Un panel s'ouvre en indiquant que 328 personnes de 200 familles sont incluses. En acceptant toutes les valeurs par défaut, vous cliquez sur "Démarrer l'importation". Un message vous indique que vous avez réussi et vous demande si vous souhaitez fusionner des doublons maintenant. La réponse est non, mais après avoir importé l'autre GEDCOM, vous cliquez sur Oui et suivez les instructions.

Toutes nos félicitations! Vous venez d'établir l'identité d'environ deux cents ancêtres directs. En outre , vous avez poussé votre arbre généalogique dans le 17 e siècle avec quelques lignes qui semblent pousser encore plus loin dans le passé. L'une de ces branches mène à une dame nommée Anne Convent (aka Anne Couvent) née en 1601 et décédée en 1675 (voir figure 5). Plus tard dans le livre, je vais vous dire pourquoi elle est importante.

Après avoir étudié vos résultats, je vous suggère de retourner à Rootsweb et de regarder le premier enregistrement des deux (celui que vous avez décidé était inférieur): "Comparez-le avec ce que vous avez téléchargé"

La comparaison produit une branche unique. "Vérifiez la qualité" Je vous exhorte. Vous le faites, et trouvez qu'il est raisonnable et fourni. "Cliquez sur le nœud supérieur de la branche unique et téléchargez ce GEDCOM".

Vous le faites et répétez le processus précédent. Cette fois, cependant, vous cliquez sur la fonctionnalité de vérification dupliquée immédiatement après l'importation dans Legacy. Quelques doublons sont trouvés, et vous suivez les instructions du logiciel et fusionnez-les. Trente autres ancêtres directs sont ajoutés à votre base de données.

C'est la beauté d'avoir des ancêtres canadien-français: ils sont bien documentés. Les fichiers GEDCOM abondent, et Rootsweb est un excellent endroit pour les trouver. Après ce succès initial, je vous dis de revenir à l'enregistrement original sur Rootsweb afin que je puisse vous montrer quelque chose que j'ai remarqué plus tôt. "Regardez les enfants de Jean et Grace". Trois sont listés: "Suzette, Jean Charles et Joseph Philippe qui ont eu le surnom" Pierre ".

"Pierre Trudeau?" Vous répondez incroyablement "Thee Pierre?" Oui, je décline la tête; l'emblématique 15 ^{e} premier ministre du Canada et père de Justin. Votre tête retombe comme si quelqu'un vous avait poussé sur votre front.

Troisième étape - Recherchez le Roi et la Reine

Après avoir mis à jour votre base de données pour vous inclure, vos parents, vos grands-parents, je vous montre comment lier votre grand-parent avec le nom de famille

Trouver vos ancêtres

Trudeau à Jean Charles Emile. Dans la vue du pedigree: cliquez avec le bouton droit de la souris sur Ajouter <Parents <Lien vers les parents existants et recherchez Jean et Grace. Lorsque vous les trouvez, cliquez sur Sélectionner. Voila! Votre arbre généalogique contient maintenant plus de 230 ancêtres directs le long de cette branche.

"Revenez à ce deuxième record Rootsweb", je vous le dis. Vous cliquez dessus et développez l'arborescence. "Faites défiler vers le bas." (Voir la figure 5). Je signale un record pour Anne Couvent / Couvent. "L'avez-vous dans votre base de données?" Vous avez téléchargé dix générations, et étant né en 1601, elle risque d'avoir manqué. Dans la base de données Legacy (DB), vous recherchez son enregistrement et le trouve. En cliquant sur la vue en pedigree, vous trouvez qu'elle appartenait en fait à la dixième et dernière génération téléchargée. "Revenez à Rootsweb et cliquez sur son nom."

Lorsque vous le faites, ses détails apparaissent. Elle est née à D'Estrees en 1601 et mourut à Québec le jour de Noël 1675. Vous remarquez également la longue liste des citations sources, la première étant Tanguay Volume 1. "

"Semble correcte," vous commentez pendant que vous continuez à lire. Ensuite, vous remarquez la deuxième citation:

"... la recherche par Roland-Yves Gagne et Laurent Kokanosky ont relié Anne Couvent (épelée sur de nombreux sites couvent) à Robert, comte d'Artois, fils du roi Louis VIII"

"Sérieusement, le roi Louis VIII?", Vous remarquez.

"Oui. Anne Convent est bien connu dans les cercles de généalogie canadienne française ", répond-je. "C'est ce qu'on appelle une" porte royale ". D'elle, vous pouvez pousser votre généalogie dans le moyen âge. Elle était descendante directe de Charlemagne.

"Qui?" Votre bouche est une légère agape.

"Charlemagne. Il était un roi qui a vécu au huitième ou au neuvième siècle. Saint empereur romain ... Il est l'ancêtre de chaque roi et reine d'Europe. Certains disent qu'il était le plus grand roi qui ait jamais vécu. Vous ne l'avez jamais entendu parler?

Vous secouez la tête. Vous devez être endormi pendant cette partie de la classe d'histoire.

Trouver vos ancêtres

Cela démontre la deuxième étape: cherchez des membres de la noblesse française parce qu'ils sont des passerelles dans le passé lointain, bien avant que vos ancêtres ne soient arrivés dans le nouveau monde. Mis à part de Anne Convent, certains des noms à surveiller sont: les frères Leneuf, Hellene De Belleau et Catherine De Baillon. Une bonne source de voyageurs royaux est GFNA - Québec Royal Descends. Ils conservent le site http://www.francogene.com/gfan/gfan/998/qrd30.htm qui contient une liste exhaustive.

Pour l'instant, cependant, l'important est d'ajouter l'arbre de Anne Convent à votre renommée. Rappelez-vous que vous ne pouviez télécharger que dix générations et qu'elle était le dixième. Comme nous examinons encore l'enregistrement Rootsweb, je vous demande de cliquer sur la vue Pedigree d'Anne. L'écran explose. D'autres dix générations d'ancêtres directs apparaissent, remontant au quatorzième siècle. "Prenez le GEDCOM", je dis.

Vous devrez saisir ces dix générations, ainsi que les dix prochaines et les dix suivantes après cela. Vous allez télécharger un total de quarante générations, et des centaines d'ancêtres directs. À la fin de la journée, votre base de données aura des milliers dans votre pedigree, et vous verrez que certains de vos ancêtres remontent à l'année 600 après J.-C. Toujours en train de regarder le pedigree en ligne pour Anne, je vous dis de cliquer sur son ancêtre Jean VI De Ghistelles qui est mort quelque temps après 1414. Son pedigree éclate devant nous. Ensuite, je vous dirais de cliquer sur Henry I, Margrave de Nordgau qui est mort en 1017. Encore une fois, un vaste arbre est exposé, celui-ci montrant Charlemagne.

Trouver vos ancêtres

"Voyez-vous ce nom?" Demande-t-il en montrant le grand-père de Charlemagne, Charles Martel. "Si ce n'était pas pour lui, vous seriez musulman" Vous tournez la tête vers moi à la recherche d'une élaboration "dans la bataille de Tours, il a détruit l'invasion islamique qui jusqu'à ce moment semblait être imparable. Les musulmans avaient la cavalerie et les Français ne l'étaient pas, ils étaient à pied. La stratégie qu'il a utilisée est encore étudiée dans l'école militaire ".

Vous remarquez que Charles Martel est né en 688. "À quelle distance pouvons-nous aller? Peut-on revenir au temps du Christ?"

"C'est à peu près aussi loin que nous pouvons aller de manière fiable. Vous parlez d'un concept appelé "descendance de l'antiquité". Vous devriez en lire plus sur Wikipedia. Je n'en connais qu'un pour les Européens de l'Ouest, et ça passe par l'un des chevaliers croisés.

"Croisés? Chevaliers? "

"Oui, vous en aurez quelques-uns dans votre arbre généalogique. Il est temps pour moi de rentrer à la maison cependant. Pouvez-vous télécharger ces fichiers GEDCOM vous-même? "Vous répondez par l'affirmative, alors je vous laisse avec vos devoirs. "Demain, nous discuterons de la façon de réparer des branches brisées dans votre arbre. Bonne nuit."

Quatrième étape - Fixation des Branches Brisées

Le lendemain matin, je reviens. Vous avez des cernes sous vos yeux - un vrai signe que l'obsession est réglé en "Étiez-tard hier soir?"

"Ouais. Je viens de lire sur certains de ces gens dans mon arbre généalogique."

"Intéressant?"

"Oui.Il faisait encore jour quand j'ai commencé. Quand je levais les yeux, il faisait nuit."

"Je suis là." Oui, je sais ce que c'est. "Jetons un coup d'oeil à votre arbre généalogique." Le fichier ouvert devant nous, dans la vue pedigree, je dis "Est-ce que vous voyez comment cette ligne se termine à cette dame?" Je dois me empêcher de taper sur l'écran. Je déteste quand les gens tape sur mon écran d'ordinateur. "Nous devons travailler là-dessus." Je fais référence à l'impasse.

"D'accord," vous répondez "Que faisons-nous?"

Trouver vos ancêtres

"Il y a un certain nombre de choses que nous pouvons faire. Nous pourrions aller à Montréal pour chercher, mais ce n'est pas nécessaire à ce stade."

"D'autant qu'elle est morte," vous remarquez un ton sec.

"Nous pouvons trouver ses dossiers en ligne. On n'a pas besoin de se rendre à Montréal. Il y a un moyen facile, et si cela ne fonctionne pas est là une autre façon qui est un peu plus difficile " .

"Quel est le moyen facile?"

"Depuis qu'elle a vécu dans les années 1700, nous pouvons la trouver sur le PRDH"

"Quel est le PRDH?"

Le PRDH est un projet de généalogie menée par l'Université de Montréal. Ils maintiennent une base de données en ligne qui est bien documenté et fiable. Cependant, contrairement à Rootsweb, vous devez payer pour le service. Heureusement, nous avons tous deux une source inépuisable d'argent. Cela ne coûtera pas beaucoup cependant. Je prends un café de la cuisine pendant que vous entrez vos informations de carte de crédit.

De retour, je mets deux tasses fumantes sur le bureau.

"Et maintenant?" Vous dites.

Je tiens à ma main gauche dans un mouvement vers l'avant go "Voyez si vous pouvez la trouver." Vous localiser elle, et ses parents sont affichés. "Entrez les informations dans Legacy." Une fois que vous le faites, et d'établir les liens appropriés, je vous encourage ne soyez un bon généalogiste et Citez vos sources. Je vous montre où vous pouvez entrer les informations sur le DB.

"Pourquoi ai-je besoin de citer mes sources?" Il semble comme une perte de temps pour vous. Ceci est juste pour vos besoins.

"Alors que quand vous regardez ce disque, vous savez comment vous l'avez. De plus, un jour, vous pouvez le télécharger sur le web comme un GEDCOM afin que vous pouvez aider d'autres généalogistes ."

"Très bien." Vous êtes perturbé. Cela se sent un peu trop comme le travail, mais vous entrez les informations. "Maintenant quoi?"

"Finalement, vous revenez à Rootsweb pour voir s'il y a un GEDCOM pour les parents de cette dame, mais maintenant, regardons à un autre lien cassé." Le prochain vous regardez est votre grand-grand-grand-mère Marie Catherine Longtin. Elle est morte en 1778. En vain, vous essayez le site PRDH.

"Rien. Je suppose que ce qu'il."

"Tu vas abandonner comme ça?"

"Que puis-je faire d'autre?"

"Ancestry.com"

" Mais si ces gars-là ne l'ont pas, pourquoi Ancestry? "

"Croyez-moi, essayez de leur site web." Vous tapez l'adresse du site et il demande une partie de cette offre illimitée de l'argent que vous avez. Après avoir saisi vos informations de carte de crédit, je vous instruis d'entrer son nom, plus celui de son mari (votre arrière grand-père) dans l'outil de recherche pour le mariage Records. Vous entrez dans une année approximative pour le mariage qui est probablement +/- dans les dix ans. Vous obtenez un coup direct et en quelques instants vous cherchez à leur dossier de mariage. Accompagnant l'enregistrement est une analyse de la trace écrite réelle de leur mariage, le 17 Février 1749. Non seulement ont-ils signé le document, mais il porte aussi les signatures de leurs parents. La qualité de l'analyse est excellente tout comme la penmanship de tous les signataires. A partir de ce document que vous pouvez clairement dire qui les parents de Marie Catherine Longtin étaient .... Votre grande grande grande .... Les grands-parents. Comme vous regardez leurs signatures votre bouche est à nouveau légèrement entrouverte. Il est un moment spécial quand vous voyez l'écriture de votre ancêtre qui a signé il y a si longtemps. Vous mettez à jour votre base de données. Je quitte la maison que vous recherchez Rootsweb pour les fichiers GEDCOM pour vous de juste découvert les deux ensembles de grand-parents. Vous remarquerez à peine me laisse.

*****

Il existe d'autres sites Web que vous pouvez utiliser pour fixer les branches cassées de votre arbre, mais quand il vient aux ancêtres canadiens français PRDH et sont d'ascendance deux des meilleurs.

Résultats attendus

Si vous avez des ancêtres canadiens français la méthode que je l'ai indiqué devrait avoir deux résultats.

Tout d' abord, avec suffisamment de diligence, vous déterminerez *tous* les Français ancêtre canadien né après l'année 1600. Cela suppose deux choses: d' abord: toutes les branches mènent à des personnes qui ont été inclus dans le recensement de 1666 de la Nouvelle - France. 3.215 Européens dans 538 familles ont été comptés, et presque toujours tous les Canadiens français peuvent traces de leurs lignes à ce groupe relativement restreint.

Ce qui précède est vrai si aucun de vos lignes a orphelins, les populations autochtones, ou "retardataires" à la Nouvelle-France. Rappelons que la domination de la France sur cette partie du monde a duré moins d'une centaine d'années. En 1759 la Nouvelle-France a été perdu aux Anglais de ne jamais être récupéré. Ainsi, 1759 est la dernière année possible que vos ancêtres canadiens français auraient pu immigrer au nouveau monde. Constamment bien, vous trouverez qu'ils sont arrivés bien avant cette année.

Le deuxième résultat vous pouvez vous attendre, surtout si les quatre de vos grands-parents étaient des Canadiens français, est que certains de vos lignes mènent à des gens "passerelle royale" comme Anne Convent et vous serez en mesure de pousser votre arbre généalogique tout le chemin retour à Charlemagne au VIIIe siècle.

Et le résultat final vous pouvez vous attendre est que vous découvrirez plusieurs milliers d'ancêtres directs dont la gestion implique que vous avez un système de base de données appropriée, comme héritage Family Tree. La majorité de ces documents aura été trouvé avec une relative facilité, donc la décision d'investir dans un logiciel approprié à un stade précoce était prudent.

Découvrez vos Cousins

Maintenant que vous avez découvert un grand nombre de vos ancêtres directs, vous pouvez aller un peu plus loin. En dehors de Trudeau, qui sont vos cousins?

Première étape - Trouver des Cibles

Vous savez probablement certains de vos cousins. Vous pouvez même connaître quelques cousins. Mais parmi vos cousins plus éloignés sont-il des célébrités? Y a-t-il des célèbres personnalités politiques? Tous les parents infâmes qui sont mieux laissés à découvert?

Si vous savez que quelqu'un a connu au moins une ascendance canadienne-française il y a une chance que vous êtes lié à eux si vous allez assez loin en arrière. Les gens qui ont ces ancêtres figurent l'ancien candidat à la présidentielle Hillary Clinton, pop star Justin Bieber US, et le film commence Angelina Jolie. Vous pourriez être surpris de constater que la duchesse de Cornouailles, Camilla Parker Bowles, a aussi ancêtres canadiens français.

D'autres incluent pop star Madonna, française chanteuse canadienne Celine Dion, et Hall of Fame NFL quarterback Brett Favre.

Toutes les célébrités mentionnées ci-dessus peuvent être liés à vous. Si les quatre grands-parents sont vos français au Canada, il est presque assuré qu'ils sont.

Même si elle n'a pas d'ascendance canadienne-française la reine d'Angleterre, Elizabeth II, ne dispose ancêtres français. Si vous pouvez prendre votre pedigree assez vous pouvez revenir bien trouver un lien entre les deux.

Deuxième étape

Le processus d'établissement d'un lien direct entre vous et une célébrité est semblable à celle que vous avez suivi lorsque vous avez établi notre propre ascendance. Une fois que vous avez une cible, vous devez établir le pedigree de cette personne. Leurs parents peuvent généralement être trouvés sur leur article de Wikipedia. De temps en temps, même leurs grands-parents sont répertoriés. Vous devrez faire preuve de créativité sur Internet pour pousser leur lignée dans le dix-neuvième siècle.

Troisième étape

Une fois que vous avez poussé dans le dix-neuvième siècle, le pedigree de la cible suivre les mêmes étapes que vous avez utilisé pour établir votre propre ascendance. Assurez-vous de charger les fichiers GEDCOM vous dans votre base de données découvrez. Méfiez-vous également des enregistrements en double que vous pouvez avoir beaucoup. Exécutez le programme de vérification en double de votre logiciel après chaque charge.

Quatrième étape

Une fois que vous avez découvert la lignée de la célébrité, téléchargé dans votre base de données, et supprimé les doublons que vous êtes prêt pour la dernière étape: l'établissement de votre relation directe avec eux.

Pour ce faire, utilisez la fonction de vérification relation de votre logiciel de généalogie (plus abouties ont, comme héritage ont).

Résultats attendus

Si vous êtes intuition se révèle être correcte, vous trouverez une telle connexion. En règle générale chez les personnes d'ascendance canadienne-française, il sera quelque part entre les cousins huitième et dixième. De temps en temps, il sera encore plus proche. Par exemple Angelina Jolie est ma cinquième cousine. Nous sommes tous deux descendants directs de mon grand-grand-père maternel qui est mort en 1838.

Si vous comptez la reine Elizabeth II comme une cousine, il est fort probable une relation beaucoup plus éloignée; dans mon cas, elle est une 14e cousine, presque au - delà lointain.

Ressources additionnelles

Mis à part ce que je l'ai mentionné dans ce livre il y a beaucoup d'autres ressources qui en valent la peine. La bibliothèque d'histoire de famille au centre-ville de Salt Lake City est fantastique. Comme la plupart des archives que je suis venu à travers leurs dossiers ont été numérisés et sont disponibles sur Internet. La valeur réelle est dans leur immense bibliothèque de livres généalogiques. Il est plusieurs étages, bien que la section canadienne-française est relativement faible par rapport à d'autres sections. Le personnel est extrêmement utile si vous avez besoin d'aide dans votre recherche.

Un autre site Web est également intéressant de mentionner. Il est appelé "Arbre et allégations de généalogie ancienne famille de Jamie Allen." Vous pouvez le trouver à Fabpedigree.com. En supposant que vous trouvez un ancêtre "passerelle royale" dans votre arbre (si les quatre de vos grands-parents étaient français, il est assuré au Canada), le portail de Jamie à la fois divertir et peut même aider toi. Très peu des pionniers de la Nouvelle-France sur le site, mais quand vous avez un ancêtre "passerelle" ce site peut vous aider à naviguer dans le monde royal avant 1600. Vous pouvez comparer votre arbre à Jamie pour une précision et d'aider quand vous avez touché un bloc de route. Soyez averti que ce site est l'erreur pas libre, mais dans la plupart des égards, il est raisonnable.

Tu devrais y aller

La majorité de votre recherche sera sur Internet. Je suis déjà allé aux Archives Charente Maritime à La Rochelle, France enthousiasmés par les découvertes que j'allais faire. J'y ai trouvé un enregistrement de mariage de mon ancêtre en 1631. J'ai été consterné quand j'ai vu un timbre dessus indiquant qu'il avait été numérisé et est maintenant conservé dans les archives numériques de l'Eglise des Saints des Derniers Jours (LDS). Depuis Ancestry.com les intègre les dossiers de LDS sur leur site, cela signifiait que je ne devais pas voyager tout le chemin vers la France pour le voir. Plus tard à l'hôtel, je logeais à je suis arrivé sur mon ordinateur et confirmé ce que je soupçonnais: il était disponible sur Internet. Chaque disque que je trouvais qu'il y avait en fait disponible sur le web. De cette perspective, le voyage semblait être une perte de temps.

Mais ce n'était pas le cas.

La vraie valeur en allant en France, ainsi que pour le Québec, est que vous gagnez un contexte pour les enregistrements secs que vous compilez. Par exemple, avant que je suis allé en France, je ne réalise pas pleinement la mesure dans laquelle mes ancêtres étaient huguenots.

Trouver vos ancêtres

Les huguenots étaient une dénomination protestante
française qui est pratiquement éteinte en raison de la guerre
et de la persécution. Il est très probable que la grande
majorité de vos ancêtres venaient de familles qui étaient
membres. La réalisation est venue après avoir visité le
musée Huguenot à La Rochelle. En allant à la France vous
obtenez un sens pour ce que vos ancêtres ont laissé derrière
eux. En allant au Québec, vous obtenez un sens pour ce
qu'ils sont partis pour. Cela permettra d'enrichir votre
compréhension de vos ancêtres et vous faire une meilleure
généalogiste.

Si vous allez en France la ville de La Rochelle est un must.
Lorsque la Nouvelle - France a été perdu aux Britanniques
en 1759 l'économie de cette belle ville est morte, de sorte
que le centre - ville est essentiellement comme il était de
retour dans le 18 e et 17 e siècle. Explorez la campagne
environnante et à proximité de Saint - Jean D'Angely
comme il a également produit un grand nombre de vos
ancêtres. Visitez les archives Charente Maritime pas tant
pour leurs dossiers, mais pour les livres qu'ils ont.

Trouver vos ancêtres

Vous devriez également visiter Québec. Vous trouverez des archives à Montréal, Québec, et d' autres endroits. Cependant, l'endroit où vous *devez* visiter est le Vieux - Québec. Quand vous y allez , vous entrez dans le temps. Dans mon cas , la maison du premier Sauve né dans le nouveau monde est toujours debout, solidement construit en 1700. Vous allez faire des découvertes similaires.

Conclusion

Soyez reconnaissants que vous êtes Canadien français; votre dossier généalogique est l'un des plus complets dans le monde, il vous suffit de le compiler. Reconnaître que vos ancêtres ont colonisé un monde presque aussi étranger à eux comme Mars est pour nous. Rappelez-vous vos ancêtres qui sont morts dans l'effort de donner à leurs enfants une vie meilleure. Si vous parlez anglais (en plus du français), être reconnaissant pour cela. Il fera de votre recherche beaucoup plus facile. Si vous parlez français, assurez-vous d'enseigner à vos enfants la langue; ils ont besoin pour poursuivre la généalogie.